内蒙古自治区残疾人青壮年扫盲读本

草原启智

赵玉宝　主编

国家开放大学出版社·北京

图书在版编目（CIP）数据

草原启智 / 赵玉宝主编. —北京：国家开放大学
出版社，2019.10

ISBN 978-7-304-09977-0

Ⅰ. ①草… Ⅱ. ①赵… Ⅲ. ①汉语－扫盲－教材
Ⅳ. ① G722.4

中国版本图书馆 CIP 数据核字（2019）第 206676 号

版权所有，翻印必究。

草原启智
CAOYUAN QIZHI

赵玉宝　主编

出版·发行：国家开放大学出版社
电话：营销中心 010-68180820　　　　总编室 010-68182524
网址：http://www.crtvup.com.cn
地址：北京市海淀区西四环中路 45 号　　邮编：100039
经销：新华书店北京发行所

策划编辑：沈海哲　　　　　　　责任校对：吕昀豁
责任编辑：宋　莹　　　　　　　责任印制：赵连生

印刷：北京市大天乐投资管理有限公司
版本：2019 年 10 月第 1 版　　　2019 年 10 月第 1 次印刷
开本：787mm×1092mm　1/16
印张：10　字数：106 千字

书号：ISBN 978-7-304-09977-0
定价：48.00 元

（如有缺页或倒装，本社负责退换）

《草原启智》编写委员会

主　任：佟国清　陈志平

副主任：塔　娜　赵玉宝　杜　伟　伊卫军

成　员：（以姓氏笔画为序）

王　欣　王　慧　吕知新

刘　婷　李国锋　蔚东巍

　　"十三五"时期，是全面建成小康社会的决胜阶段，也是加快推进残疾人小康进程的攻坚阶段。开展残疾人青壮年文盲扫盲工作，是提升残疾人群体文化和技能水平、打赢脱贫攻坚战、实现全面建成小康社会目标的重要举措。

　　为全面贯彻落实《内蒙古自治区残疾人事业发展"十三五"规划纲要》和《第二期特殊教育提升计划（2017—2020 年)》，促进我区特殊教育事业进一步健康快速发展，切实保障残疾人受教育的权利，按照"通过各种有效扫盲措施保证脱盲，努力减少自治区青壮年文盲数"的要求，在内蒙古自治区残疾人联合会和内蒙古广播电视大学总结探索扫除残疾人青壮年文盲工作成功经验和深入了解有学习能力的残疾青壮年文盲实际需求的基础上，由内蒙古广播电视大学特殊教育学院承担编写了自治区残疾人青壮年扫盲教材《草原启智》。

　　《草原启智》扫盲教材的编写以《内蒙古自治区"十三五"残疾青壮年文盲扫盲行动方案》为指导，坚持适用和实用的原则，以满足残疾人基本学习需求为导向，以提高残疾人实际生活能力为目标。本教材共分十三个单元，分别为识字入门，颜色、形状与方位，自我认知与社会交往，生活物品，社会科学，文化艺术，体育项目，旅游景点，农作物，动植物，自然常识，生活常识，传统文化。全书内容深入浅出，图文并茂，将识字教育与生活常识和社会适应能力培训结合起来，确保参训学员能够认读高频汉字和进行基本运算及计算器基础操作，全面提升残疾人群体的综合文化水平和技能水平。

　　本教材凝聚了内蒙古自治区残疾人联合会及内蒙古广播电视大学全体编写人员的心血与智慧。第一单元、第三单元由王慧老师编写，第二单元、第十二单元由蔚东巍老师编写，第四单元、第七单元由刘婷老师编写，第八单元、第十一单元由李国锋老师编写，第五单元、第六单元由吕知新老师编写，第九单元、第十单元由杜伟老师编写，第十三单元由赵玉宝老师编写。本教材在编写过程中得到北京市残疾人联合会和北京市房山区残疾人联合会的大力支持，还有很多老师提供了细致具体的帮助，在此表示衷心的感谢。

由于编写时间短，书中难免有疏漏之处，敬请广大读者批评指正。

内蒙古自治区残疾人联合会

内蒙古广播电视大学

2018 年 5 月

目 录

CONTENTS

第一单元 📖

识字入门

第一课 >> 基本笔画

笔画，就是组成汉字的各种形状的点和线。

一、横

横画有长横、短横的写法。

二、竖

竖画要写垂直。

三、撇

撇画是一个字的装饰性笔画。

四、捺

捺画有斜捺、平捺之分。

五、点

点是一个字的精神体现。

六、折

折的笔画种类很多，比如横折、竖折。

重点字词

笔画　组成　汉字　点　线

练习

1. 读一读

汉字由各种笔画组成。

2. 填空

横的写法有（　　　）、（　　　）。

折的写法有（　　　）、（　　　）。

3. 写一写

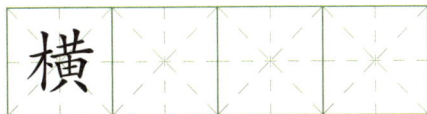
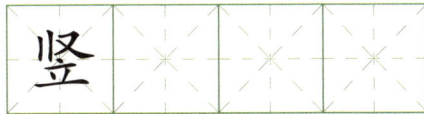
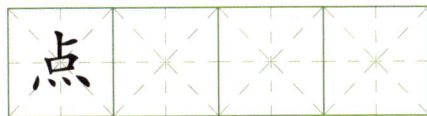
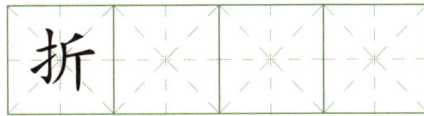

第二课 ▷▷ 笔顺规则

笔顺规则是书写汉字的基本规则，主要包括：先横后竖，先撇后捺，从上到下，从左到右，先外后里，先外后里再封口，先中间后两边。

一、先横后竖

先横后竖的字有：十、干、土、王。

shí	横	竖

二、先撇后捺

先撇后捺的字有：人、八、入、个。

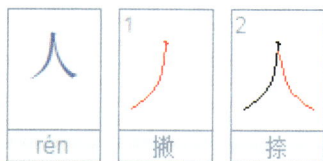

rén	撇	捺

三、从上到下

从上到下的字有：主、音、学、方。

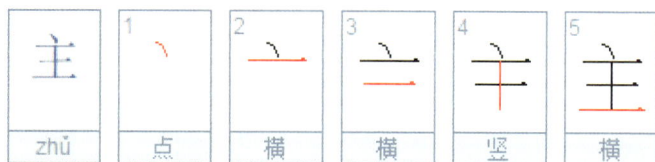

zhǔ	点	横	横	竖	横

四、从左到右

从左到右的字有：推、现、代、杯。

推	1	2	3	4	5	6	7	8	9	10	11
tuī	横	竖钩	提	撇	竖	点	横	横	横	竖	横

五、先外后里

先外后里的字有：同、司、风、凤。

同	1	2	3	4	5	6
tóng	竖	横折钩	横	竖	横折	横

六、先外后里再封口

先外后里再封口的字有：国、圆、园、因。

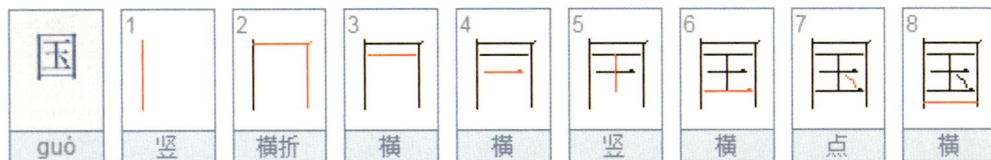

国	1	2	3	4	5	6	7	8
guó	竖	横折	横	横	竖	横	点	横

七、先中间后两边

先中间后两边的字有：小、水、丞、永。

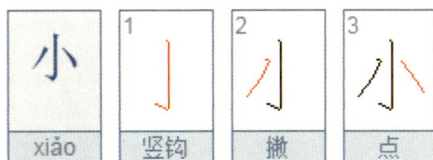

小	1	2	3
xiǎo	竖钩	撇	点

重点字词

十 人 主 推 同 国 小

练 习

1. 读一读

笔顺规则是书写汉字的基本规则。

2. 填空

先横后竖的字有（   ）、（   ）。

先撇后捺的字有（   ）、（   ）。

3. 写一写

十

人

主

同

第三课 >> 认识数字

数字是用来表示数目的书写符号。

一、阿拉伯数字

阿拉伯数字是现今国际通用数字。

1 2 3 4 5 6 7 8 9 0

二、中文数字

中文数字就是以汉字形式表示的数字。

一 二 三 四 五 六 七 八 九 零

三、识数

数字在生活中很常用。

1

涂一涂 ○○○○○○○○○○

写一写

涂一涂　OOOOOOOOO　写一写　2 2 2 2

涂一涂　OOOOOOOO　写一写　3 3 3 3

涂一涂　OOOOOOOO　写一写　4 4 4 4

涂一涂　OOOOOOOO　写一写　5 5 5 5

	6
涂一涂 〇〇〇〇〇〇〇〇〇〇	写一写 6 6 6 6

	7
涂一涂 〇〇〇〇〇〇〇〇〇〇	写一写 7 7 7 7

	8
涂一涂 〇〇〇〇〇〇〇〇〇〇	写一写 8 8 8 8

	9
涂一涂 〇〇〇〇〇〇〇〇〇〇	写一写 9 9 9 9

| 涂一涂 ⭕⭕⭕⭕⭕⭕⭕⭕⭕ | 写一写 ０ ０ ０ ０ |

重点字词

一　二　三　四　五　六　七　八　九　零

练习

1. 连一连

1　　3　　4　　7　　8

四　　三　　八　　一　　七

2. 填空

8 的中文数字是（　　　）。

3. 写一写

| 四 | | |

| 五 | | |

| 六 | | |

| 九 | | |

第四课 >> 加减乘除

加（+）、减（-）、乘（×）、除（÷）是数字运用的基本方式。

一、加

想知道两部分或几部分一共是多少，用"+"。

二、减

想知道从一个整体中减去一部分或几部分后还剩多少，用"-"。

三、乘

想知道一个整体的倍数是多少，用"×"。

四、除

想知道将一个整体分成几份，每一份是多少，用"÷"。

重点字词

加　减　乘　除

练习

1. 读一读

加减乘除是基本的运算规则。

2. 算一算

1+1=（　　　）　　　2+8=（　　　）　　　3+6=（　　　）

10−5=（　　　）　　　8−3=（　　　）　　　13−6=（　　　）

3×5=（　　　）　　　9×7=（　　　）　　　10÷5=（　　　）

3. 写一写

第二单元 📖

颜色、形状与方位

第一课 ▶ 颜色

我们生活在多彩的世界里，你最喜欢哪种颜色呢？

一、红色

红色代表热情。

二、橙色

橙色代表时尚、青春、快乐、活力四射。

三、黄色

黄色代表成熟、优雅。

四、绿色

绿色是希望之色。

五、蓝色

蓝色代表宁静、清新、自由。

六、紫色

紫色是神秘、高贵、浪漫的象征。

重点字词

红 橙 黄 绿 蓝 紫

练 习

1. 想一想
你还知道哪些颜色?
2. 填空
（　　）的向日葵真好看。
3. 写一写

红			

黄			

蓝			

绿			

第二课　▶▶　形状

生活中常见的形状有三角形、长方形、正方形和圆形。

一、三角形

交通标志牌常采用三角形。

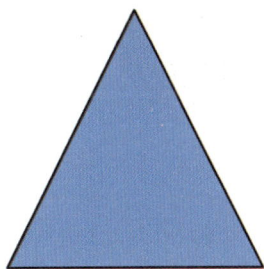

二、长方形

长方形是四个内角相等的四边形。

三、正方形

四条边都相等、四个角都是直角的四边形是正方形。

四、圆形

圆是一条闭合的曲线。

重点字词

圆形　三角形　长方形　正方形

练　习

1. 想一想

在生活中，哪些物体是长方形的？哪些物体是圆形的？

2. 填空

（　　　）支架的设计稳定性最好。

3. 写一写

第三课　方位

方位即方向和位置，常见的有上下、左右、前后、东南西北等。

一、上下

上下指上面和下面。

上

下

二、左右

左右指左边和右边。

左手　　　右手

三、前后

前后指前面和后面。

前　　　后

四、东南西北

东南西北是方位名词。

重点字词

上　下　左　右　前　后　东　西　南　北

练习

1. 看图填空

明明　　　小花　　　壮壮

小花在明明的（　　　）面，壮壮的（　　　）面是小花。

爸爸　　　大宝　　　妈妈

爸爸在大宝的（　　　）面，妈妈在大宝的（　　　）面。

2. 想一想

写字用右手，回答问题也要举右手，左手有什么用处？

3. 写一写

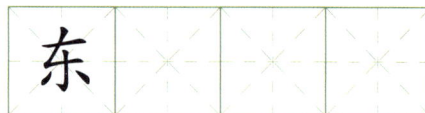

第三单元 📖

自我认知
与社会交往

第一课 ▶▶ 认识五官

"五官"是泛称，一般指眉、眼、耳、鼻、口五种面部特征。

一、眉毛

眉毛对眼睛有保护作用。

二、眼睛

眼睛是感知光线的器官。

三、耳朵

耳朵是听觉器官。

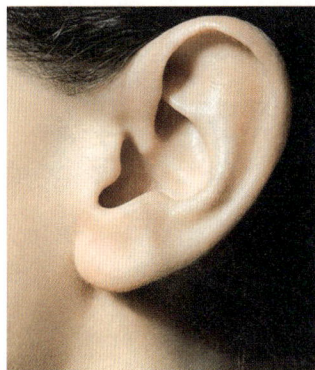

四、鼻子

鼻子是重要的呼吸器官。

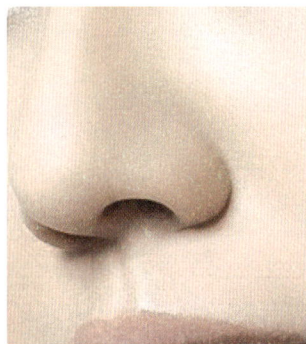

五、嘴巴

嘴是脸部运动范围最大、最富有表情变化的器官。

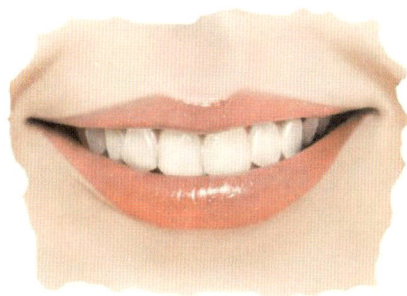

重点字词

五官　眉毛　眼睛　耳朵　鼻子　嘴巴

练　习

1.读一读

眼睛是心灵的窗户。

鼻子是重要的嗅觉器官。

2.填空

我们用（　　）看祖国美好的河山。

我们用（　　）闻各种气味。

（　　）濡目染　　（　　）目一新

呲牙咧（　　）　　七（　　）八舌

3.写一写

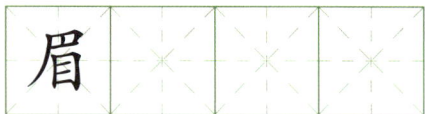

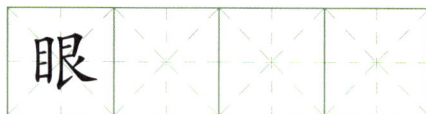

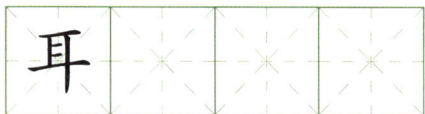

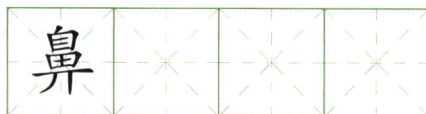

第二课 >> 个人信息

个人信息包括姓名、性别、年龄、爱好等。

一、姓名

每个人都有自己的姓名。姓名是由姓和名组成的。

赵钱孙李 周吴郑王

冯陈褚卫 蒋沈韩杨

朱秦尤许 何吕施张

孔曹严华 金魏陶姜

……

二、性别

性别指男女两性的区别。

三、年龄

年龄是指一个人从出生到计算时的时间长度，通常用年岁来表示。

四、爱好

爱好是指对某种事物具有浓厚的兴趣并愿意积极参与。

重点字词

姓名　性别　男　女　出生　时间　爱好

练 习

1. 想一想
你有哪些爱好?
2. 填空
我的姓名是 (　　　),我今年 (　　　) 岁。
我的兴趣是 (　　　) 和 (　　　)。
3. 写一写

姓			

性			

男			

女			

第三课 >> 礼貌用语

礼貌用语是指在语言交流中使用的表示尊重与友好的词语。

一、你好

"你好"主要用于打招呼或请教别人问题，对认识的人或不认识的人都可以说。

"您好"，与"你好"意思相同，更为礼貌尊重，一般用于与长辈、资历深的人打招呼。

二、请

"请"，用于表示请求、邀请等，比如"请进""请坐"。

三、谢谢

"谢谢"是表示谢意的礼貌用语，常用于得到帮助、宽容的场合。

四、对不起，没关系

"对不起"是表达歉意的礼貌用语。

"没关系"是回应别人道歉时所说的礼貌用语，表示不介意。

五、再见

"再见"是分别时使用的礼貌用语。

再见！

再见！

重点字词

你好　请　谢谢　对不起　没关系　再见

练习

1.读一读

你好，很高兴认识你！

请问这个字怎么念？

谢谢你送给我玩具，我真的很喜欢！

我不小心打到弟弟了，我马上对他说："对不起。"弟弟毫不介意地说："没关系。"

2.填空

（　　），请问步行街怎么走？

（　　），欢迎光临！

（　　）你帮了我这么多。

（　　　），没有想到事情会是这样的。

3.写一写

你			

好			

请			

谢			

第四单元 📖

生活物品

第一课 洗漱用具

我们日常使用毛巾、脸盆、牙刷、肥皂、洗手液等用具来洗漱。

一、毛巾

毛巾是每天洗脸、洗手、洗澡后用来擦干的纺织物。

二、脸盆

脸盆是洗脸时盛水用的盆。

三、牙刷

牙刷是刷牙的工具。

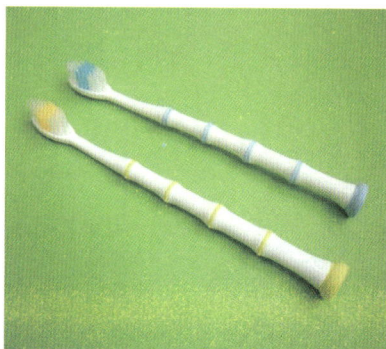

四、肥皂

肥皂是用来洗手、洗脸、洗衣服的固体清洗剂。

五、洗手液

洗手液是液体肥皂。

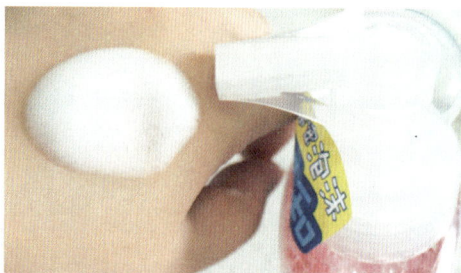

重点字词

毛巾　脸盆　牙刷　肥皂　洗手液

练习

1. 读一读

我们要掌握正确的刷牙方法，养成每天早晚刷牙的好习惯。

我们用肥皂洗衣服。

我用脸盆洗脸。

2. 填空

我们要学会用（　　　）正确刷牙。

你会用（　　　）洗衣服吗？

你用什么洗手呀？我用（　　　）洗手。

3. 写一写

毛			

巾			

盆			

刷			

第二课 >> 家用厨具

家用厨具是日常生活不可缺少的工具。

一、刀

刀是用来切割食物的工具。

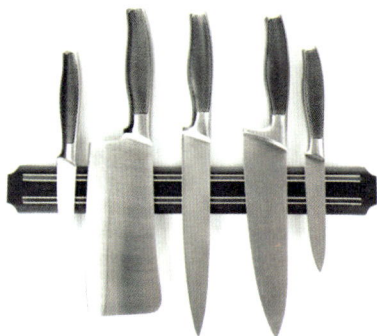

二、勺

我们用勺子来舀东西。

三、筷子

筷子可用竹、木、金属、塑料等材料制作。

四、碗

碗是盛食物的器皿，多是陶瓷制品。

五、锅

锅是烹煮食物或烧水的器皿。

重点字词

刀 勺 筷 碗 锅

练 习

1. 读一读

我们用碗盛装食物。

妈妈用电饭锅来煮饭。

2. 填空

妈妈做饭时，用（ ）切肉。

我用（ ）喂小孩吃饭。

（ ）是用来盛饭的。

中国人习惯用（ ）夹菜吃饭。

3. 写一写

第三课 电器

一、计算机

计算机，全称是电子计算机，俗称为电脑。

二、电视机

电视机可以用来播放电视节目。

三、空调

空调就是空气调节器，可以调节房屋内的温度。

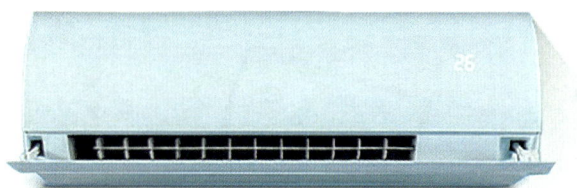

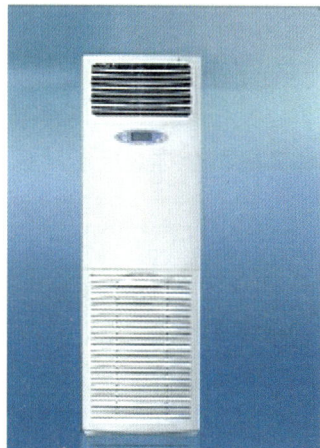

四、冰箱

冰箱是保持恒定低温的一种设备，可以保存食品。

五、洗衣机

洗衣机是用来洗衣物的电器。

六、微波炉

微波炉就是一种用微波来加热、解冻食物的电器。

七、电风扇

电风扇是一种利用扇叶旋转使空气加速流通的电器。

重点字词

计算机　电脑　电视　空调　冰箱
洗衣机　微波炉　电风扇

练习

1. 读一读
我们用计算机处理文件。
夏天，我们用空调降温。
我家的冰箱里有很多食物。
洗衣机可以洗涤脏衣服。
我们用微波炉加热食物。

2. 填空
我用（　　）冷冻饮料。
（　　）就是一种用微波来加热、解冻食物的电器。
夏天吹着（　　）很舒服。

3. 写一写

第四课　　家具

家具是我们生活中必不可少的用品。

一、床

床是让我们躺在上面睡觉的家具。

二、写字桌

写字桌是学习、写字时用的桌子。

三、茶几

茶几是较矮的小桌子。

四、沙发

沙发是装有弹簧或厚垫的坐具。

五、衣柜

衣柜是存放衣物的家具。

重点字词

床　桌　茶几　沙发　衣柜

练习

1. 读一读

我们在床上睡觉。

我们在写字桌上学习。

我家的茶几上放了很多东西。

2. 填空

我们躺在（　　　）上睡觉。

学生伏在（　　　）上写字。

家里来了客人，我请他们坐在客厅的（　　　）上。

3. 写一写

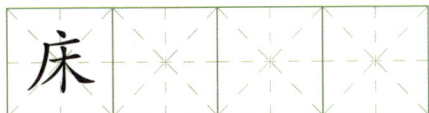

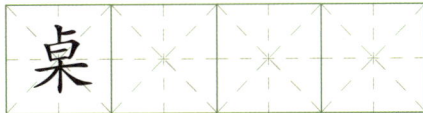

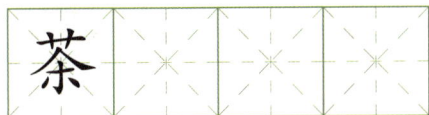

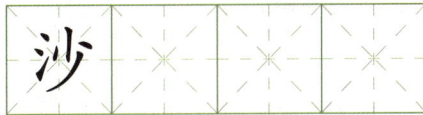

第五课 >> 文化用品

文化用品是指日常工作、学习的基本工具。

一、纸

纸是用于书写、绘画、印刷或包装等的片状制品。

二、笔

笔是供书写或绘画用的工具。

三、尺子

我们通常用尺子来测量物品的尺寸。

四、橡皮

我们用铅笔写错字时可以用橡皮擦除。

五、笔记本

笔记本是用来作记录的本子。

重点字词

纸　笔　尺　橡皮　笔记本

练习

1. 读一读

造纸术是中国古代四大发明之一。

2. 填空

在（　　　）上整理笔记可以帮助我们巩固学过的知识。

3. 写一写

纸

笔

橡

皮

第五单元 📖

社会科学

第一课 》 祖国

祖国就是自己的国家。

一、首都

北京是中华人民共和国的首都，也是政治、文化交流中心。

二、国旗

中华人民共和国国旗是五星红旗。

三、国徽

国徽是代表国家的徽章、纹章，是国家的象征之一。

四、国歌

中华人民共和国国歌是《义勇军进行曲》。

重点字词

祖国　首都　国旗　国徽　国歌

练习

1. 读一读
北京是中华人民共和国的首都。
保护国旗是一种爱国行为。

2. 填空
我们国家的首都是（　　　）。
五星红旗是中华人民共和国的（　　　）。

3. 写一写

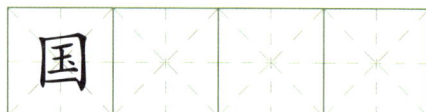

第二课 ▶ 职业

社会中有很多职业供人们选择。

一、工人

工人是从事工业劳动生产的劳动者。

二、农民

农民是从事农业生产的劳动者。

三、教师

教师是以教书为职业的人。

四、医生

医生是为病人看病的人。

重点字词

职业　农民　教师　医生

练 习

1.读一读

咱们工人有力量，每天每日工作忙。

我是农民的儿子，我深切地爱着祖国的土地。

医生是救死扶伤、热爱生命的人。

2.填空

清洁（　　　）在打扫卫生。

（　　　）正在种庄稼。

（　　　）是人类灵魂的工程师。

3.写一写

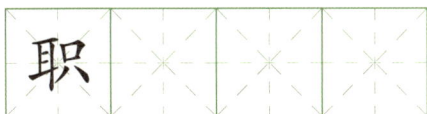

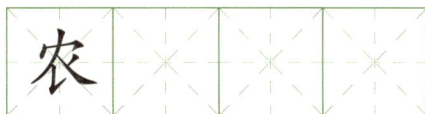

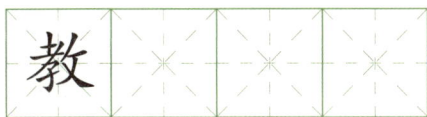

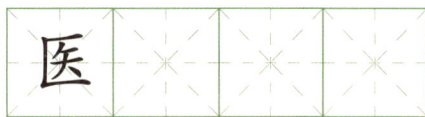

第三课 ▶ 生活社区

生活社区是我们生活的场所。

一、医院

医院就是我们去看病的地方，医院里有医生和护士。

二、银行

银行的业务有存款、贷款、转账等。

三、商店

小型商店以经销食品和日用品为主，综合性商店还经营化妆品、文具、五金、服装等商品。

四、小区

城市住宅小区一般简称小区，以住宅为主并配套有相应公用设施及非住宅房屋。

重点字词

医院　银行　商店　小区

练 习

1.读一读

小新生病了，小朋把小新送进了医院，请医生为他诊断。

我们的学习用品、生活用品等都离不开大大小小的商店和超市。

如意居民小区的设施齐全，生活便利，有医院、银行、超市。

2.填空

（   ）以合理的收费、准确的诊断以及高水平的护理服务于广大患者。

我家在一个花园式的（   ），环境美丽，生活便利，交通方便。

他在一家（   ）里购买生活用品。

3.写一写

医			

院			

银			

商			

第四课 工作场所

工作场所是人们工作的地方。

一、工厂

工人在工厂的生产车间工作。

二、农田

农田里都是绿绿的禾苗。

三、学校

学校是知识的殿堂。

四、办公室

办公室内，职员在认真地工作。

重点字词

工厂　农田　学校　办公室

练习

1. 读一读

学校的课外活动丰富多彩。

2. 填空

（　　　）时间，工人在生产线上忙碌着。

3. 写一写

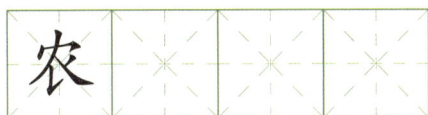
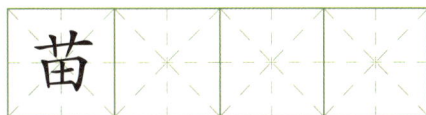
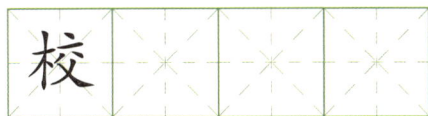
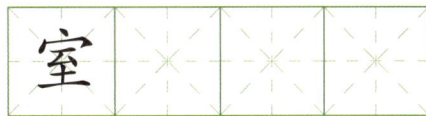

第六单元

文化艺术

第一课 绘画

绘画是指用笔、板刷、墨、颜料等工具材料，在纸、纺织物、木板、墙壁等平面上塑造形象的艺术形式。

一、国画

国画主要画在绢、宣纸、帛上，并加以装裱。

二、油画

油画是西洋画的主要画种之一。

三、水彩画

水彩画通常用水调和透明颜料作画。

四、素描

素描是绘画的基础。

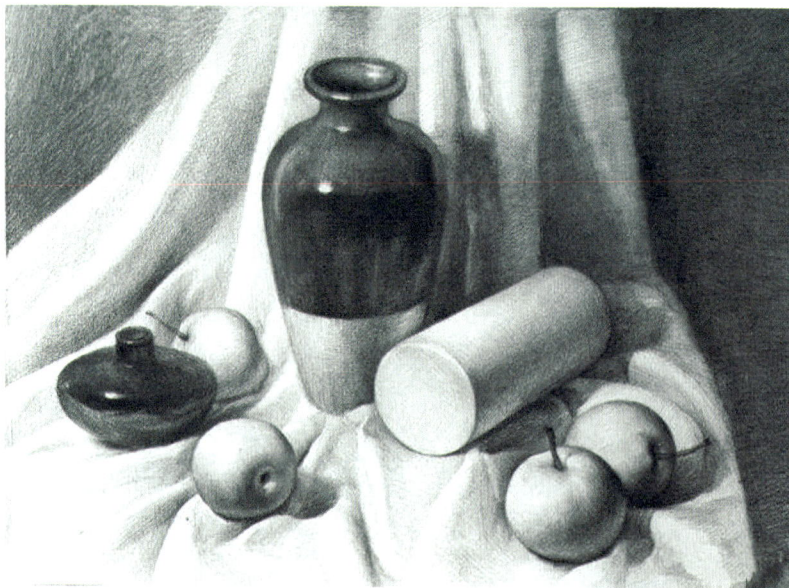

重点字词

绘画　水彩　素描　基础

练　习

1. 读一读

素描是绘画的"骨骼"。

2. 填空

这幅（　　）作品墨色浓郁，布局巧妙。

3. 写一写

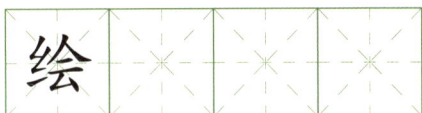
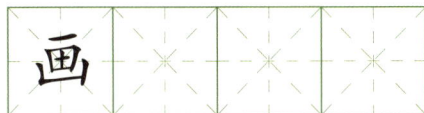
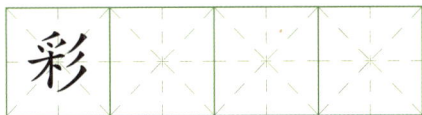
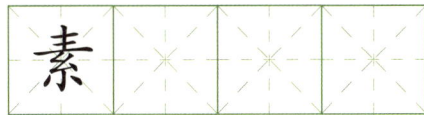

第二课 》 书法

一、隶书

隶书，由篆书发展而来，字形多呈宽扁，横画长而竖画短。

二、楷书

楷书由隶书逐渐演变而来，更趋简化，横平竖直。

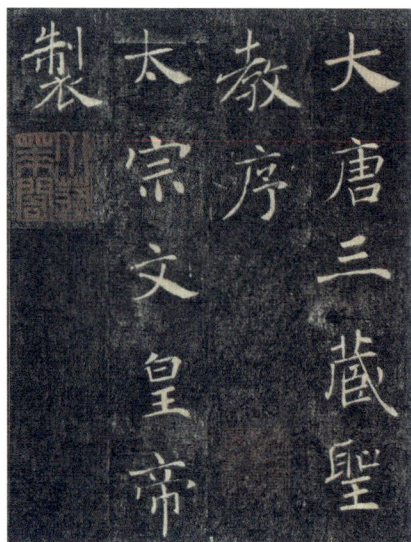

三、行书

行书是在楷书的基础上发展起来的。

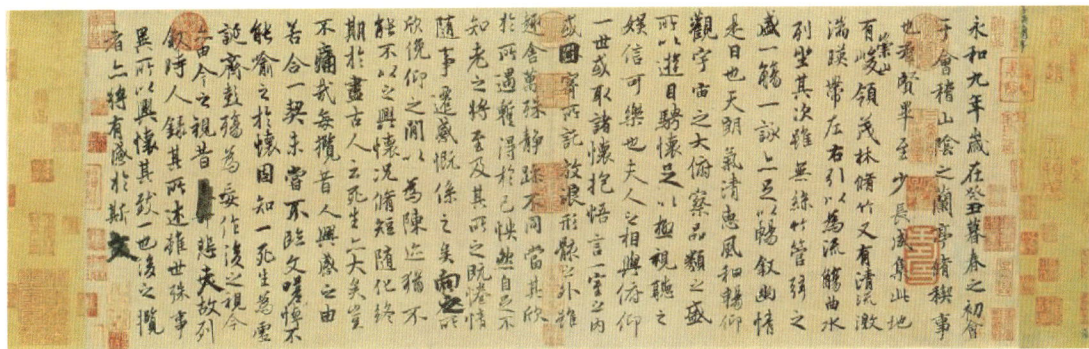

四、草书

草书是汉字的一种字体，特点是结构简省、笔画连绵。

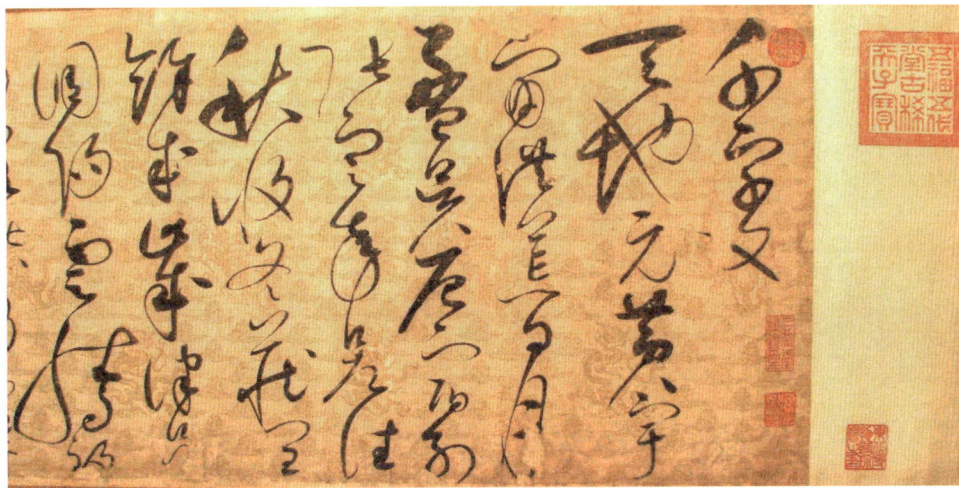

重点字词

隶　楷　行　草

练 习

1. 读一读

书法艺术是中华民族特有的艺术瑰宝。

2. 填空

王羲之的《兰亭集序》是为后人所推崇的优秀（　　　）作品。

3. 写一写

第三课 >> 下棋

棋类游戏多种多样，主要有象棋、围棋、军棋、跳棋等。

一、象棋

中国象棋文化是中华民族的文化瑰宝。

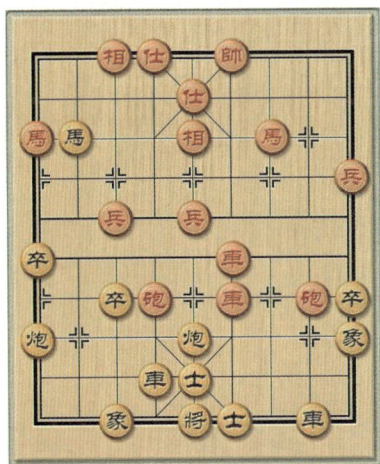

二、围棋

围棋是一种策略性的两人棋类游戏。

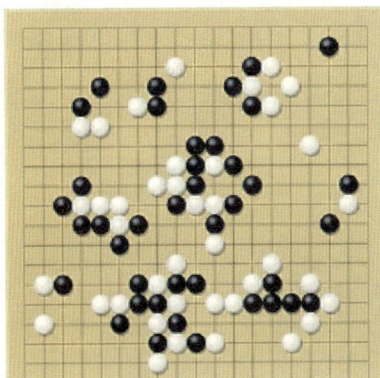

三、军棋

军棋是深受欢迎的棋类游戏之一。

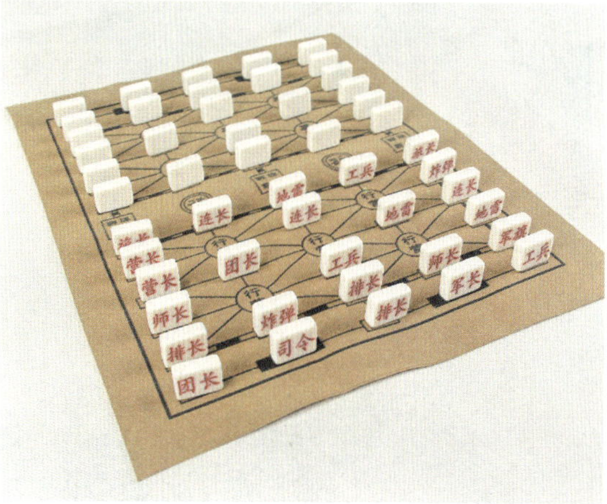

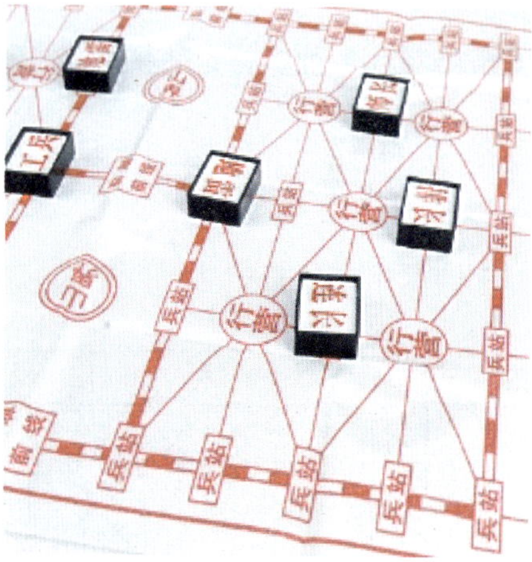

四、跳棋

跳棋是一项老少皆宜、流传广泛的益智型棋类游戏。

重点字词

象 棋 围 军 跳

练 习

1. 读一读

围棋是中国最古老的棋文化之一，是中华民族的文化瑰宝。

2. 填空

敬老院内的老人读书、下（　　　）、种花，生活多姿多彩。

3. 写一写

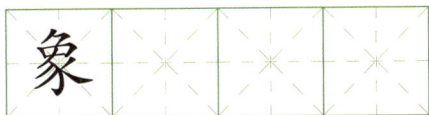

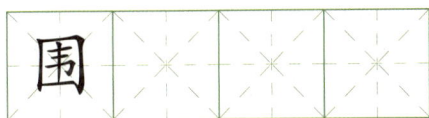

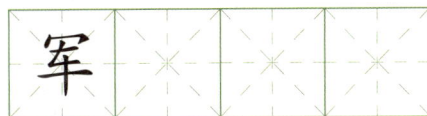

第四课 >> 舞蹈

舞蹈是在全世界广受欢迎的表演艺术。

一、民族舞

民族舞指不同地区、国家、民族的民间舞蹈。

二、国标舞

国标舞，全称国际标准交谊舞，又称体育舞蹈。

三、街舞

街舞，起源于美国黑人的街头即兴舞蹈。

四、芭蕾

芭蕾是一门综合性的舞台艺术。

重点字词

民族　国标　街舞　芭蕾

练习

1. 读一读

舞蹈是在全世界广受欢迎的表演艺术。

2. 填空

毕业晚会上，同学们尽情地（　　　）、唱歌。

3. 写一写

民			

族			

芭			

蕾			

第七单元 📖

体育项目

第一课 >> 球类运动

球类运动是常见的体育项目。

一、足球

足球运动是一种由两队对抗的球类运动，每队上场队员不得多于 11 名，把球踢进对方的球门即得分。

二、篮球

篮球运动是一种由两队参与的球类运动，每队出场 5 名队员，将球投入对方篮筐中即得分。

三、台球

台球运动是使用球杆撞击白色的母球，使其在台球案上滚动并撞击其他球进入球洞中的球类运动。

四、排球

排球运动中，比赛双方（每方 6 人）各占球场的一方，球员用手把球从网的上空打来打去。

五、乒乓球

乒乓球运动中，运动员各站球台一侧，用球拍击球。球须在台上反弹后过网，以落在对方台面上为有效。

重点字词

球　足　篮　排　乒乓

练　习

1.读一读

我国男、女乒乓球队双双获得世界冠军。

2.填空

李明的（　　　　）打得真棒，投篮连连命中。

3.写一写

第二课 ❯ 田赛

田赛是一类田径运动，是在田径场规定的区域内进行的跳跃及投掷项目竞赛的统称。

一、跳高

跳高是运动员征服高度的运动项目。

二、跳远

跳远是田径运动跳跃项目，比赛时以跳的远度决定名次。

三、铅球

铅球运动是田径运动的投掷项目之一，对增强体质有显著的作用。

重点字词

田赛 跳 高 远 铅

练 习

1. 读一读

跳高运动象征了人类不屈不挠、勇攀高峰的精神。

2. 填空

学校体育课上常见的运动有（ ）、（ ）、（ ）。

3. 写一写

 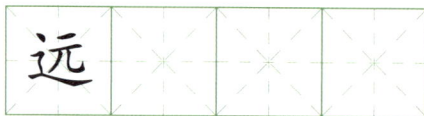

第三课　径赛

径赛是一类田径运动，是在田径场的跑道或规定道路上进行跑和走的竞赛项目的统称。

一、短跑

短跑，即短距离跑步，一般包括 50 米跑、100 米跑、200 米跑、400 米跑等。

二、长跑

长跑，即长距离跑步，一般包括 5000 米跑、10000 米跑、马拉松（约 42.195 千米）长跑等。

三、接力赛跑

接力赛跑是田径运动的一类，为多人合作的竞赛项目。同队选手之间以 30 厘米长的金属圆棒作为传接工具。

四、百米跨栏

百米跨栏是跨栏跑的比赛项目。

五、竞走

　　竞走是从日常行走的基础上发展出来的运动，要求不能出现两脚"腾空"的现象，与跑步不同。

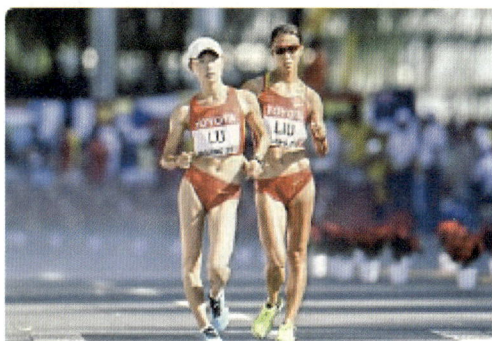

重点字词

径赛　长跑　短跑　接力　跨栏　竞走

练习

1. 读一读
竞走是从日常行走的基础上发展出来的运动。

2. 填空
世界级运动项目比赛有（　　　）、（　　　）、（　　　）。

3. 写一写

径			

接			

跨			

竞			

第四课 >> 民族特色体育运动

很多民族都有自己的特色体育运动。

一、搏克

搏克是蒙古族传统的体育娱乐活动之一，草原上的人们把蒙古式摔跤称作"搏克"（蒙语，结实、团结、持久的意思）。

二、赛马

赛马是比赛骑马速度的运动项目，是历史最悠久的运动之一。

三、射箭

射箭，是北方草原地区蒙古族的传统体育项目，具有悠久的历史。

重点字词

搏克　赛马　射箭

练习

1. 读一读

射箭是北方草原地区蒙古族的传统体育项目。

2. 填空

蒙古族的传统体育项目有（　　　　）、（　　　　）。

3. 写一写

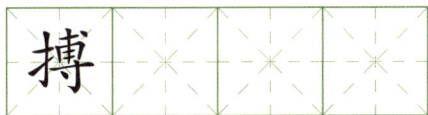

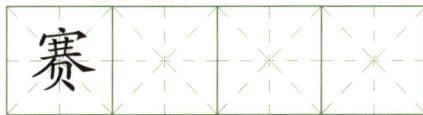

旅游景点

第一课 >> 自然风光

我国的自然风光包括山水、草原等景观。

一、广西桂林

桂林是世界著名的风景游览城市和历史文化名城。桂林是广西壮族自治区最重要的旅游城市，享有"山水甲天下"之美誉。

二、安徽黄山

黄山位于安徽省南部黄山市境内，以奇松、怪石、云海、温泉著称。

三、长江三峡

长江三峡是万里长江一段山水壮丽的大峡谷，为中国十大风景名胜区之一。

四、杭州西湖

杭州西湖位于浙江省杭州市区的西部，它以秀丽的湖光山色和众多的名胜古迹闻名中外，被誉为"人间天堂"。

五、呼伦贝尔大草原

呼伦贝尔大草原是世界著名的天然牧场，也是世界四大草原之一。

重点字词

桂林　安徽　长江　杭州　西湖　草原

练习

1. 读一读

作为一名拍摄自然风光的报刊记者，他的足迹遍及五洲四海。

2. 填空

我国著名的自然风光景区有（　　　）、（　　　）、（　　　）。

3. 写一写

桂				峡			
湖				原			

第二课 >> 人文景观

人文景观是人们在日常生活中，为了满足一些物质和精神等方面的需要，在自然景观的基础上，叠加了文化特质而构成的景观。

一、北京故宫

故宫位于北京市中心，是明清两代的皇宫，也是世界现存最大、最完整的木质结构古建筑群。

二、苏州园林

苏州多古代园林，素有"园林之城"之称。

三、周庄古镇

周庄古镇处处都是江南典型的"小桥流水人家"场景。

四、长城

长城绵延 6000 多千米，号称"万里长城"。

重点字词

故宫　苏州　园林　周庄　古镇　长城

📖 练 习

1. 读一读

长城是无与伦比的古代建筑杰作。

2. 填空

我国著名的人文景观有（　　　）、（　　　）、（　　　）。

3. 写一写

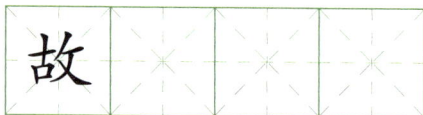

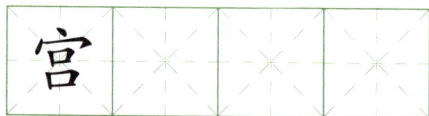

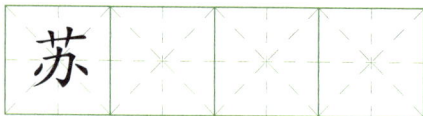

第三课 ▶▶ 近现代建筑景观

近现代建筑景观具有开放性、多元性、包容性等特征。

一、人民大会堂

人民大会堂是举行政治、外交、文化活动的重要场所。

二、鸟巢

鸟巢是 2008 年北京奥运会主体育场，形状如同孕育生命的"巢"。

三、水立方

水立方是国家游泳中心，是 2008 年北京奥运会标志性建筑物之一。

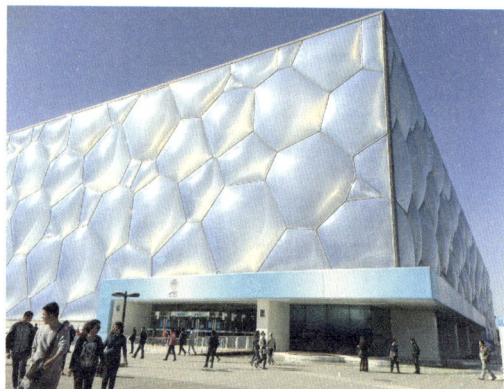

重点字词

会堂　鸟巢　水立方　游泳

练　习

1. 读一读
鸟巢像一个摇篮，寄托着人类对未来的希望。
2. 填空
除了上述三项，我国著名近现代建筑景观还有（　　　）、（　　　）。
3. 写一写

巢			

奥			

游			

泳			

第九单元 📖

农作物

第一课 ▶ 谷物

谷物包括大米、小麦、小米、大豆等及其他杂粮。

一、小麦

小麦是农作物的一种，可以磨成面粉。面粉可以做成馒头、饼、面包等。

二、稻谷

稻谷，是指没有去除稻壳的子实。加工后的稻谷，即大米。

三、玉米

玉米是农作物的一种，有丰富的营养成分，春季播种，当年秋季收获。

四、大豆

大豆最常用来做各种豆制品、榨取豆油、酿造酱油等。

重点字词

小麦　稻谷　玉米　大豆　农作物　营养

练 习

1. 读一读

谷物有小麦、玉米、稻谷等。

2. 填空

金色的（　　　）成熟了。

3. 写一写

第二课 >> 水果

水果是对我们身体很有益的一类食物，含有丰富的维生素、膳食纤维等物质。

一、苹果

苹果口感丰富，可以生津止渴。

二、梨

梨鲜嫩多汁、酸甜适口，所以有"天然矿泉水"之称。

三、桃

桃是一种营养价值很高的水果，有补益气血、养阴生津的作用。

四、香瓜

香瓜口感脆甜，清爽可口，是一种很好的夏季水果。

重点字词

苹果　梨　桃　香瓜　水果

练 习

1. 读一读

多吃水果可以补充维生素。

2. 填空

红彤彤的（　　　）　　黄澄澄的（　　　）

3. 写一写

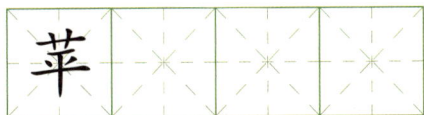

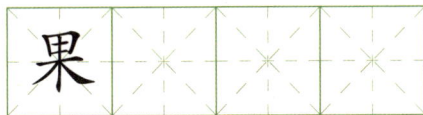

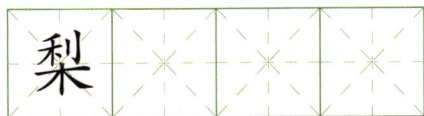

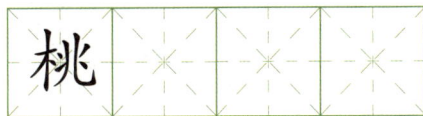

第三课 ▷ 蔬菜

蔬菜是人们日常饮食中必不可少的食物之一。

一、西红柿

西红柿富含番茄红素。

二、大白菜

大白菜的营养成分很丰富。

三、土豆

土豆又叫马铃薯，含有丰富的膳食纤维。

四、茄子

茄子含有蛋白质、脂肪、糖类及矿物质等多种营养物质。

重点字词

蔬菜　西红柿　茄

练习

1. 读一读

蔬菜的营养很丰富，多吃蔬菜可以使我们更健康。

2. 填空

你常吃的蔬菜有哪些？（　　　）、（　　　）、（　　　）。

3. 写一写

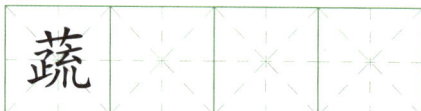

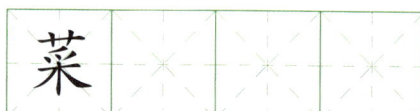

第十单元 📖

动植物

第一课 > 家畜

家畜是被人类高度驯化的动物。

一、猪

猪是人类饲养的主要家畜。

二、羊

羊是家畜之一，是羊毛的主要来源。

三、牛

牛可以帮助人们劳作。

四、马

马在草原上奔驰。

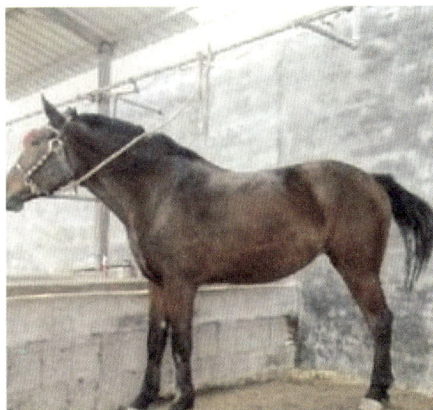

重点字词

羊　牛　家畜　猪

练习

1. 读一读

家畜类食物含有丰富的动物蛋白，能够补充我们需要的营养。

2. 填空

你还知道什么家畜？（　　　）、（　　　）。

3. 写一写

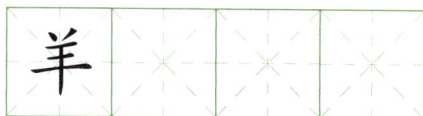

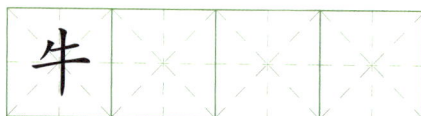

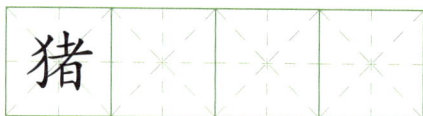

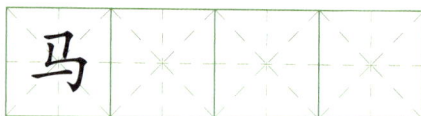

第二课　家禽

家禽是指人工豢养的鸟类动物。

一、鸡

鸡是一种家禽。家鸡源于野生的原鸡。

二、鸭

鸭的肉和蛋供食用，绒毛可用来絮被子、羽绒服或填充枕头。

三、鹅

鹅是一种喜水的家禽。

重点字词

禽 鸡 蛋 鸭 鹅

练习

1. 读一读

家禽是人工豢养的鸟类动物，包括鸡、鸭、鹅等。

2. 填空

（　　　），（　　　），（　　　），曲项向天歌。白毛浮绿水，红掌拨清波。

3. 写一写

第三课　　花草

可供观赏的花和草有很多种。

一、桔梗

桔梗是多年生草本植物，可作为观赏花卉。

二、梅花

梅花，寒冬时节开放，花瓣大多为五片，有红、白、粉多种颜色。

三、菊花

在古代传说中，菊花被赋予了吉祥、长寿的含义。

四、牡丹

牡丹是我国的国花，寓意富贵，有"花中之王"的美称。

五、荷花

荷花，水生草本花卉，其出淤泥而不染的品格为世人所称颂。

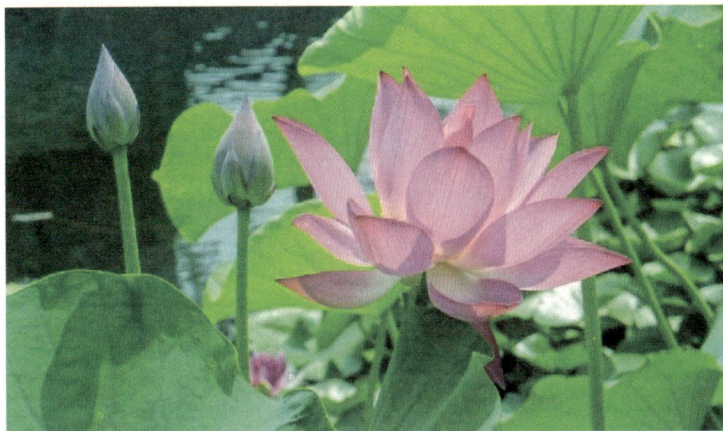

重点字词

桔梗　梅　菊　牡丹　荷

练习

1.读一读

在中国传统文化中，梅、兰、竹、菊合称"四君子"。

2.想一想

你家里养些什么花？你还见过些什么花？

3.写一写

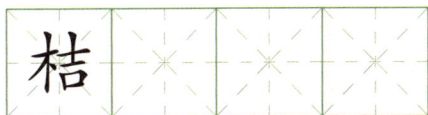

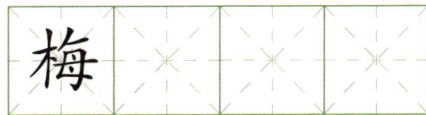

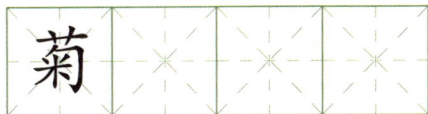

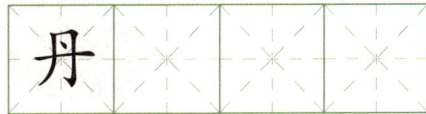

第四课 ▶ 树木

树木是维持生态平衡的重要物种之一。

一、榆树

榆树产于我国东北、华北和西北。木材可供建筑和制作家具等使用。

二、杨树

杨树常用于道路绿化、园林景观。

三、柳树

柳树具有很高的观赏价值。

四、松树

松树具有坚忍不拔、不怕困难的崇高品质。

重点字词

榆树　杨　柳　松

练 习

1. 读一读

微风吹过，高大、笔直的白杨树哗哗作响。

2. 填空

河边上的（　　　）宛如一位妙龄少女在微风中翩翩起舞。

3. 写一写

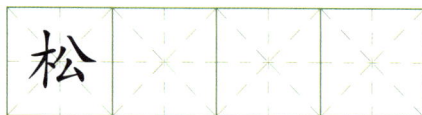

第十一单元 📖

自然常识

第一课 >> 自然环境

自然环境是地球生态的重要组成部分。

一、天空

蔚蓝的天空中飘着朵朵白云。

二、海洋

浩瀚的海洋一望无际。

三、森林

森林被誉为"地球之肺"。

四、沙漠

世界上最大的沙漠是撒哈拉沙漠。

重点字词

天空　海洋　森林　沙漠

练习

1. 想一想

你还知道哪些自然环境？

2. 填空

夜幕降临了，弯弯的月亮挂在西边的（　　　）。

（　　　）中有成千上万种生物。

3. 写一写

空			

海			

洋			

沙			

第二课　天气

　　天气是一定区域短时段内的大气状态（如冷暖、风雨、干湿、阴晴等）及其变化的总称。

一、晴

　　晴空万里，秋高气爽。

二、多云

　　多云的天空透射出缕缕阳光。

三、雨

春雨贵如油。

四、雪

轻盈的雪花漫天飞舞。

重点字词

雨 雪 晴 多云

练 习

1. 想一想

生活中还有哪些自然现象？

2. 填空

今天的天气真好，（　　　）空万里。

燕子飞得很低，要下（　　　）了。

3. 写一写

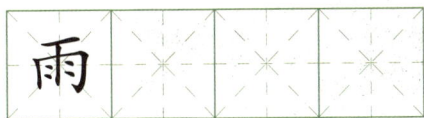

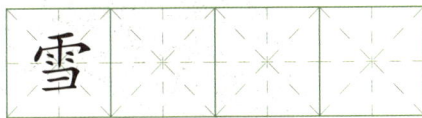

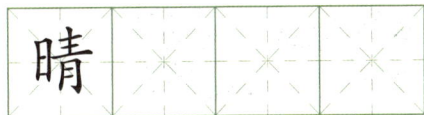

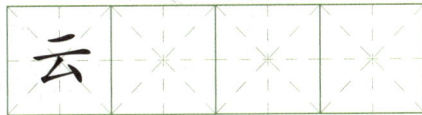

第三课 四季

四季包括春季、夏季、秋季和冬季。

一、春

春季是万物复苏的季节。

二、夏

夏季是许多植物旺盛生长的季节。

三、秋

秋季是果实成熟的季节。

四、冬

冬季是下雪的季节。

重点字词

季 春 夏 秋 冬

练 习

1. 读一读

盼望着，盼望着，春来了。

2. 想一想

四季都有哪些不同的现象？

3. 写一写

春			

夏			

秋			

冬			

第十二单元

生活常识

第一课　卫生健康常识

我们要常洗手、洗澡，勤晾晒衣物，注意个人卫生。

一、洗手

勤洗手是良好的生活习惯。

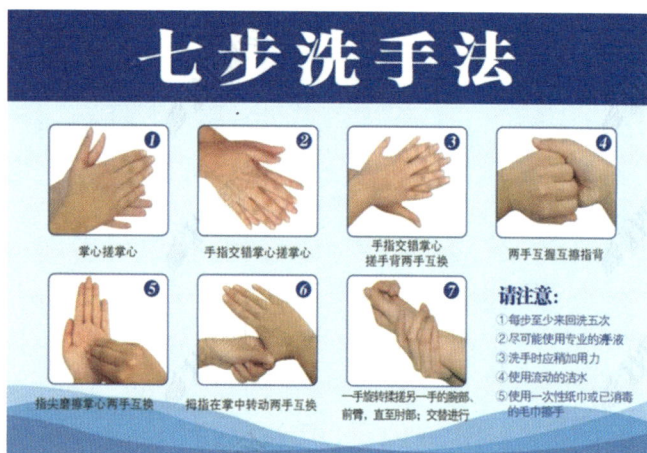

二、洗澡

洗澡能清除汗垢油污，消除疲劳，舒筋活血，改善睡眠。

三、洗衣服

洗衣服是保持个人卫生的一种良好方式。

重点字词

澡　衣服　洗手

练习

1. 读一读

我们要勤洗手、洗澡，养成良好的生活习惯。

2. 填空

良好的生活习惯还有（　　　）。

3. 写一写

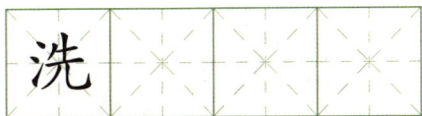
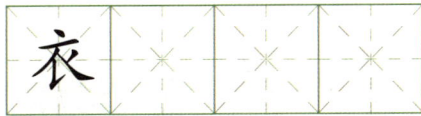
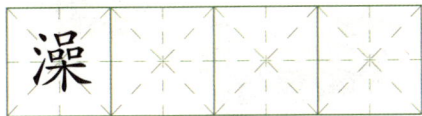
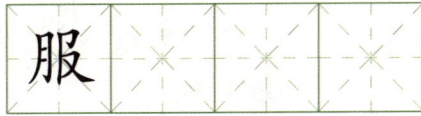

第二课 >> 常见车辆

一、公共汽车

公共汽车是人们出行时常用的公共交通工具。

二、警车

警车是维护社会治安的公务用车。

三、救护车

救护车是运送病人的专用车。

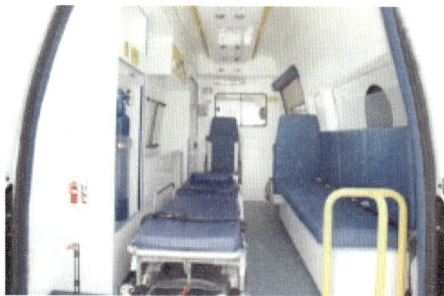

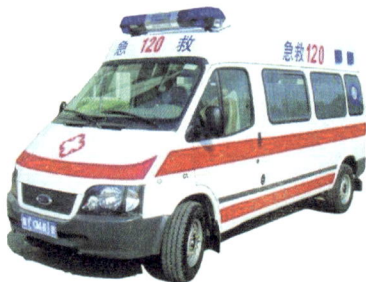

四、消防车

消防车是灭火专用车。

重点字词

公共汽车　警　消防

练习

1. 读一读

交通工具为我们的生活带来了便利。

2. 填空

（　　　　）鸣着警笛，飞快地行驶在马路上。

3. 写一写

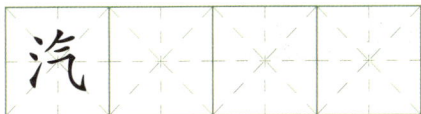
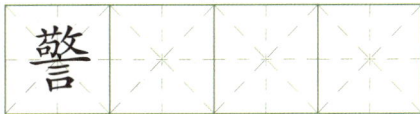
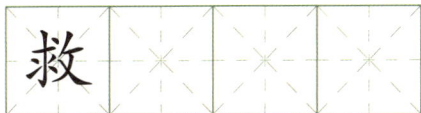
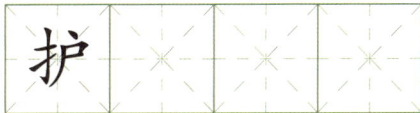

第三课 >> 交通规则

交通规则是保证交通安全的基础。

一、看信号灯

红灯停，绿灯行，遇到黄灯等一等。

二、站内候车

我们等公共汽车时要在车站内候车，上车时要排队、礼让。

三、走斑马线

我们过马路时要走斑马线。

重点字词

信号灯　候　斑马线

练习

1. 读一读

我们要文明出行，遵守交通规则。

2. 填空

（　　）灯停，（　　）灯行，遇到黄灯等一等。

3. 写一写

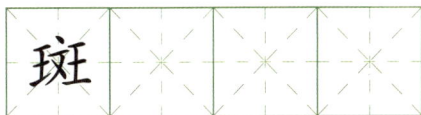

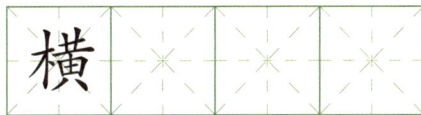

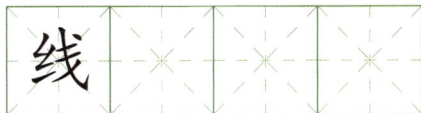

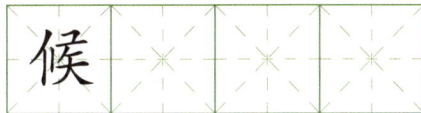

第四课 >> 常用电话号码

生活中我们要牢记常用电话号码。

一、急救

当遇到有人生病，急需送到医院抢救的时候，我们要及时拨打"120"急救电话进行求救。

急救请拨"120"

二、火警

当遇到火灾的时候，我们要及时拨打"119"火警电话。

火警请拨"119"

三、匪警

当遇到不法分子侵害时，请拨打"110"匪警电话及时求救，以保护自身、财产安全。

匪警请拨"110"

重点字词

急救　火警　匪　拨打

练习

1. 读一读

遇到火灾、匪徒和急病时要及时拨打求助电话。

2. 填空

火警电话（　　　）

匪警电话（　　　）

急救电话（　　　）

3. 写一写

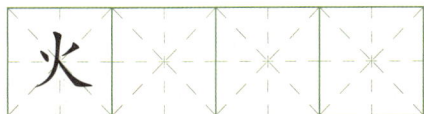
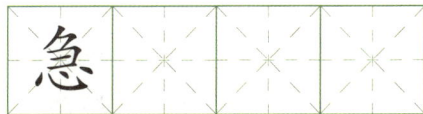
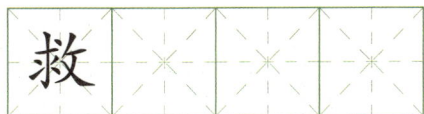
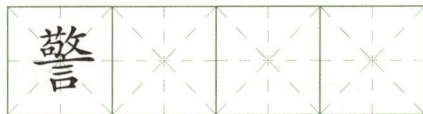

第十三单元

传统文化

第一课 国学启蒙

国学启蒙是指针对我国传统的诸子百家学说、诗词歌赋等的学习。

一、《三字经》

《三字经》是我国传统启蒙教材，内容浅显易懂。

二、《千字文》

《千字文》全文为四字句，对仗工整，条理清晰，文采斐然。

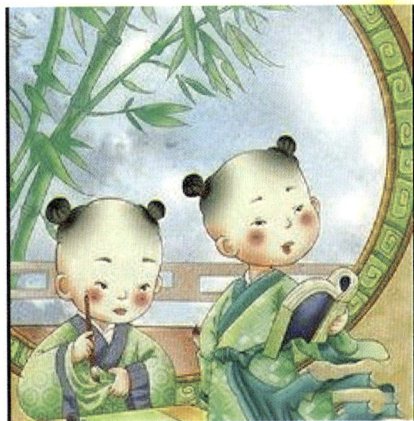

三、《弟子规》

《弟子规》列述在家、外出、待人接物与学习时应该恪守的规范。

四、《声律启蒙》

《声律启蒙》是训练儿童认识声韵格律的启蒙读物。

一·东

贫对富，寒对通，
野叟对溪童。
鬖髿对眉绿，茜皓对唇红。
天浩浩，日融融，
佩剑对弯弓。
半溪流水绿，千树落花红。
野渡燕穿杨柳雨，
芳池鱼戏芰荷风。
女子眉纤，额下现一弯新月；
男儿气壮，胸中吐万丈长虹。

重点字词

经　千　声　启蒙

练 习

1. 读一读

《三字经》讲述传统文化，对孩子的品德教育有很大意义。

2. 填空

国学启蒙读物有（　　　）、（　　　）、（　　　）。

3. 写一写

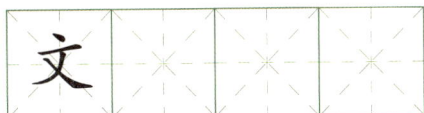

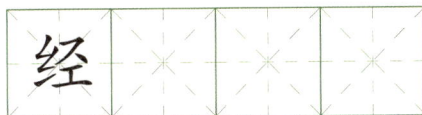

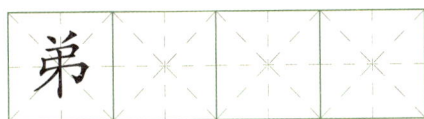

第二课 >> 先秦圣贤

先秦圣贤创立的思想为我们的传统文化和思想奠定了基础。

一、老子

千里之行，始于足下。

二、庄子

天地与我并生，万物与我为一。

三、孔子

学而时习之，不亦说乎？

四、孟子

得道多助，失道寡助。

重点字词

老 孔 孟 庄

练习

1. 读一读

孔子开创了私人讲学之风，倡导仁、义、礼、智、信。

庄子是道家学派代表人物。

2. 填空

"己所不欲，勿施于人"是（　　　）提出来的。

道家的代表人物有（　　　）、（　　　）。

3. 写一写

第三课 >> 经典诗词

诗词是中国优秀文化中重要的组成部分。

一、《关雎》

《国风·周南·关雎》通常被认为是一首描写男女恋爱的情歌。

二、《静夜思》

《静夜思》是唐代诗人李白所作的一首五绝小诗。此诗描写了秋日夜晚，诗人于屋内抬头望月所感。

三、《春望》

《春望》是唐朝诗人杜甫所作的一首五言律诗。

四、《水调歌头》

《水调歌头》这首词借明月表达对亲人的思念和美好祝愿，表达了词人旷达的胸襟和乐观的情致。

重点字词

关　静夜思　春望

练习

1. 读一读

床前明月光，疑是地上霜。举头望明月，低头思故乡。

2. 填空

"关关雎鸠，在河之洲"出自（　　　）。

《水调歌头·明月几时有》是（　　　）写的。

3. 写一写

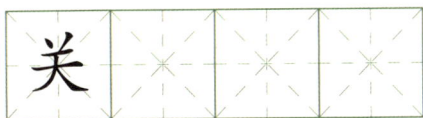
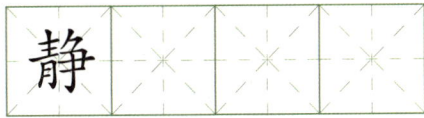
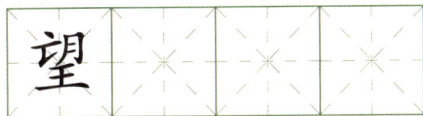
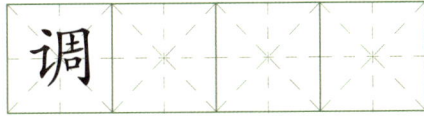

第四课 ▷ 传统节日

节日是人民为适应生产和生活的需要而共同创造的一种民俗文化。

一、春节

春节，即农历新年，一般指除夕和正月初一。

二、元宵节

农历正月十五是元宵节，又称为上元节、春灯节，是我国传统节日。

三、端午节

端午节为农历五月初五，又称端阳节、午日节、五月节等，是纪念屈原的传统节日。

四、中秋节

中秋节为农历八月十五。赏月和吃月饼是过中秋节的习俗。

重点字词

元宵　春节　月饼　端午　粽

练习

1.读一读

元宵节要吃元宵、逛花灯。

端午节有包粽子的习俗。

2.填空

（　　　）节吃元宵。

（　　　）节吃粽子。

（　　　）节吃月饼。

3.写一写

端			

宵			

粽			

饼			